রেখো... সাথে ভালোবেসো।

সাঁঝবাতি

SUBHARAMBH
PUBLICATION HOUSE

SUBHARAMBH PUBLICATION HOUSE

I.B. ROAD, SIKARAIPUR, JAGATPUR
CUTTACK, ODISHA,754021
Email: subharambh.publishers@gmail.com

Website: www.subharambhpublicationhouse.com

"রেখো...

সাথে

ভালোবেসো।"

ISBN: 978-93-90528-56-1

POETRY 1st Edition

TYPE SETTING BY: NAMROTA PAUL

COVER DESIGN: SUBHAM DEV

কখনও মনের কথা কবিতা হয়; কখনও চোখের ভাষা কবিতা হয়। কখনও একপলক দেখা কবিতা হয়; কখনও অল্প ছোঁওয়া কবিতা হয়। কখনও কারো হাসি কবিতা হয়; কখনও কারো ছবি কবিতা হয়। কখনও কারো প্রেম কবিতা হয়; কখনও কারো সেবা কবিতা হয়। কবিতা কখনও শব্দ-জাহাজের নিস্তব্ধতাকে বোঝায়,

কবিতা কখনও অপ্রকাশিত অভিমানের মূলকে স্পর্শ করায়। কবিতা যখন মনের বন্ধ জানালা- দরজার ছিটকিনি খুলে, আমাকে আমার আমির সাথে পরিচয় করায়- বুঝতে পারি কিছু হল। কবিতা যখন চোখ বন্ধ করে পাওয়া ঈশ্বরের সান্নিধ্য পেয়ে সুস্বাদু হয়ে ওঠে- বুঝতে পারি কিছু হল। পরিপার্শ্ব আলোকিত হয়ে বোঝায় মালা গাঁথা সফল হল।

কিছু সৌরভ, কিছু সৌন্দর্য যখন মুক্ত হয়ে ছড়িয়ে পড়তে চেয়েছিল, বলেছিলাম- বেশ। যখন তারা এক হতে চাইলো, বললাম- হও।

উৎসর্গ

শ্রদ্ধার ও ভালোবাসার সেই সমস্ত প্রিয়জনকে,

যারা ছিলেন, আছেন, থাকবেন।

বিশেষ ঋণ স্বীকার

শ্রী সুমঙ্গল ভট্টাচার্য্য।

ডঃ শ্রীপর্ণা চ্যাটার্জী।

সহেলী ব্যানার্জী। (প্রচ্ছদ)

এবং

হৃদয়ে চিরস্থায়ী ভাবে বিরাজমান,
আত্মার সঙ্গে যুক্ত, মনের মত, একান্ত
আপন মানুষজন
ও
দেশ মাতৃকা।

মুখবন্ধ

আমরা ছোটবেলা থেকে ভেবে রাখি, বড়বেলা কেমন হলে ভালো হয়। কখনও আমরা উদ্দেশ্য পূরণ করতে সুখ, শান্তি, সাফল্য খুঁজি; কখনও ক্ষমতা, উচ্চশিক্ষা, উচ্চপদ, পরহিত বা ঈশ্বরভক্তিকেই জীবনের মানে বলে মনে করে নিই।

বয়স বাড়ে, অভিজ্ঞতা বাড়ে। স্থান, কাল, পাত্র তথা পারিপার্শ্বিক ঘটনাবলী দ্বারা নিয়ন্ত্রিত হতে হতে আমাদের ভেতরের আমি আর বাইরের আমির পরিবর্তন কখনও সুস্পষ্ট হয়ে, কখনও অস্পষ্ট হয়ে ধরা পরে। মা, বাবা, ভাই, বোন, শিক্ষক- শিক্ষিকা, বন্ধু-বান্ধব, আত্মীয়-স্বজন, প্রতিবেশী- কালের নিয়মে নিজেদের অবস্থান পরিবর্তন করে বুঝিয়ে দেন-স্থায়ী বলে কিছু নেই। পরিবর্তন মেনে নেওয়া- না নেওয়া জীবনযুদ্ধে জয়-পরাজয় নিশ্চিত করে।

বই এর সাথে বন্ধুত্বের সম্পর্ক সবসময়ই ছিল। আজ এমন একটা বন্ধু-বই তৈরি হয়ে গেল, যে অনেকেরই মনের হদিশ দিয়ে বলে দেবে কখন, কে, কার, কতটা আর কেন আপন ছিল, হয়তো আছেও। এক মহৌষধ আবিষ্কার করার স্বপ্ন ছিল, যার পার্শ্বপ্রতিক্রিয়া মন ভালো করে দিতে পারবে। হয়তো হলোও। যা প্রয়োগ করতে জল লাগে না, আঁচ লাগে না, নিয়মের কড়াকড়ি লাগে না- শুধু একটু ভালোবাসা লাগে, মনের উদারতা লাগে।
ছোঁয়াচে রোগে জর্জরিত আমরা দৃপ্ত কণ্ঠে বলতে চাই, ভালোবাসা ছোঁয়াচে হোক, সাথে ভালো রাখা আনন্দের উৎস হোক।

সাঁঝবাতি

ডিসেম্বর, ২০২০।

সূচীপত্র
কবিতা

অনুকবিতা

কবিতা

আবদার

একটা ছোট্ট আবদার আছে।
বারবার করা সেই একটা আবদার।
পুরোনো কিন্তু চিরন্তন সেই আবদার।
মনে মনে করা, বলে না বলে করা সেই আবদার।
ঋতু বদলালেও বদলায় না যে আবদার।
সুখ বা দুঃখে পাল্টায় না যে আবদার।
দূরত্ব কমলে বা বাড়লেও একই থাকে যে
আবদার।
জন্ম- জন্মান্তরে অপরিবর্তিত থাকে যে আবদার।
জীবনযুদ্ধে জয়-পরাজয়ে স্থির থাকে যে
আবদার-
সেই ছোট্ট আবদারটাই আছে;
সাথে থেকো, সাথে রেখো
আর...
ভালোবেসো।

ভাবনা

সব দেওয়া কথা রাখা হয় না।
রাখা যায় না- বলে মনকে সান্ত্বনা দিতে হয়।
দু'পক্ষের কেউ তথাকথিত ভাবে বেঁচে থাকে,
কেউ থাকে না,
ইহলোকে থেকেও যেন না থাকার মত জীবন হয়।
যারা অবহেলা জেনে, না জেনে করে-
তারা বিকেলের রোদ হয়ে মুছে যায়।
চিহ্ন আর স্মৃতি রয়ে যায়!
যারা না চেয়েও অবহেলা উপহার পায়-
তারা রাতের তারাহীন অন্ধকার দিনেও বয়ে চলে।
শুধু তরী, শুধু ক্ষেত, শুধু বাড়ির মত
একা থাকে।
তখন ভীড় মানে ভীড় নয়,
হাসি মানে হাসি নয়।
এমন সময় আমার আমির দায়িত্ব বাড়ে।
সে মনকে সান্ত্বনা দেয়-
সব দেওয়া কথা রাখা যায় না।
ভোলার জন্য ভুলে গেছে যারা-
তারাও মনে করে
মাঝে মাঝে;
তাই তো ফুল ফোটে,
ঋতু পরিবর্তন হয়;
স্বপ্নরা আসা-যাওয়া করে।
শক্তির মত প্রেমেরও ধ্বংস হয় না-
রূপান্তর ঘটে মাত্র।
তাকেই সৃষ্টি বলে।।

সুখের চাবিকাঠি।

বলেছিলে, সুখের চাবিকাঠি হবে।
নিঃসঙ্গতার সঙ্গে লড়াইয়ের বন্ধু হবে।
মনে বাস করবে, বিচ্ছেদকে জয় করার জন্য।
না থেকেও থাকবে ফুলের সৌরভের মত।
আয়না মানে তুমি হবে, বালিশ মানে তুমি হবে,
লেখা মানে তুমি হবে, গান মানে তুমি হবে।

বলেছিলে, হিসেব করে বুঝিয়ে দেবে কার
ভালোবাসা বেশি।
সৃষ্টি করতে করতে হারিয়ে যাবার মানে কাকে
বলে- শিখিয়েছিলে।
দিন আর রাত এর অবসান হয় শুধু,
বাকিদের নয়।
মন- আত্মা, জ্ঞান- প্রজ্ঞা, সহায়- সম্বল এর ও
পার্থক্য আছে।
খুঁজতে, ভাবতে, আবিষ্কার করতে শিখিয়েছিলে।
সব শেখা হল, দেখা হল, চাওয়া হল, পাওয়া হল।
তারপরে হারানোর ভয় ও হল।
হারিয়ে দুঃখ হল,
দুঃখকে জয় করা হল।
সবশেষে মনে হল-
বলেছিলে...
সুখের চাবিকাঠি হবে।
ঠিক বলেছিলে।
সব সুখের সংজ্ঞা তো এক নয়!!

অবশ্যাম্ভাবী।

একদিন ঠিক দেখা হবে।
প্রয়োজন থাক বা না থাক, ভালো লাগারা থাকবে।
এভাবে ভাবলে দেখেছি মন ভালো হয়ে যায়।
কখনও প্রশ্নরা ভীড় করে আসে-
কবে, কবে, কবে 'করে!
তারপর উত্তর দিই নিজেই নিজেকে।
একদিন ঠিক দেখা হবে।

কাজের আর কাছের মানুষ নিজেরা
নিজেদের স্থান পরিবর্তন করে নেয়।
আমরা ভাবি, বেশ আছি; ভালো আছি।
একটা সময় আসে যখন ভুল বোঝাবুঝির
অবসান হয়।
কখনও প্রমাণিত হয় আমরা একা ছিলাম,
একাই আছি।
কখনও প্রমাণিত হয়- আমরা কখনও একা নই।
দূরাশারাও আশা হয়ে বেঁচে উঠে বলে না
হারানোর কথা।
সংকল্প দৃঢ় হয়...
যারা ঘিরে থাকে, ঘিরে রাখে-
তাদের সাথে একদিন ঠিক দেখা হবে।
তবে,
কবে জানা নেই। কিভাবে জানা নেই।
তবে...
একদিন নিশ্চয়ই হবে।।

অনেক কিছু।

মন কখনও বন্ধু হয়।
মন কখনও শত্রু হয়।
মন কখনও দুজনের মতোই উদাসীন হয়।

মন যখন আপন হয়,
তখন বাকি সবাই পর হলেও ক্ষতি হয় না তেমন।
মন যখন পর হয়,
সুখের দিনেও কান্না পায়।

আজকের মতো 'মনের দিন' হয় যেদিন,
সেদিন মন জানতেও পারে না যে- দিনটা তার
ছিল।

শুধু সেই দিনটাকে মন, নিজের দিন বলে জানে,

যেদিন তুমি, তুমি হও।

কিংবা,

একটা লেখা, একটা আঁকা, একটা গান,
একটা সুর, অনেক স্মৃতি...
অল্প দেখা, অল্প কথা, অল্প ছোঁওয়া, অল্প চাওয়া-
অনেক পাওয়া হয়ে যায়।
অনেক কিছু হয়ে যায়।

রং মানে স্মৃতি।

রং এর গন্ধ পেলে ছোটবেলা মনে পড়ে,
কেন জানিনা।
বদ্ধ ঘরেও যেন মুক্তির স্বাদ!
দেওয়াল, দরজা-জানলার থেকে বেশি
রঙ্গীন যেন মন হয়!
ইতিহাস হয়ে যাওয়া সবকিছু জীবন পেয়ে
ডাকতে থাকে।
তুমি হেসে বলতেই পারো- 'যত সব' কিংবা
'বেশি বেশি',
আমি বলব, তাই হোক।
যদি কল্পনারা বাস্তবরূপ পেয়েই যায়-
ক্ষতি তো নেই কিছু;
দৃশ্য, গন্ধরা যদি নতুন বন্ধু হয়ে আসতে
চায়-
না হয় এল।
ওরা তো আর সময় বা মানুষ নয়-
যে
শুধু যাবার জন্য আসবে,
আর
এসেই বলবে, এলাম। ভালো থেকো!
রং রা আমাদের ভালো রাখতে পারে।
তাই তো-প্রকৃতি, প্রেম, স্বপ্ন,
সঙ্গীত, অনুভূতিরা এত রঙ্গিন,

এত প্রানবন্ত।
প্রকৃত গুরুর মত।
শ্রেষ্ঠ বৈদ্যের মতোও।

****

প্রকৃত মানুষ।

শুধু জন্ম নিলেই কি আর মানুষ হওয়া যায়?
পশুর মতন, পাখির মতন,
শামুক আর ঝিনুকের মতন!
তাহলে কি আর প্রমান করতে হোতো কিছু?
ত্যাগ দিয়ে, তপস্যা দিয়ে?
ক্ষমা দিয়ে বা পরিশ্রম দিয়ে?

তুমি বলেছিলে, বাঁচলে বাঁচার মত বাঁচা
উচিত।
না হলে জীবন, জীবন নামের বোঝা;
যদি স্বপ্নদের বাস্তবায়িত না করা হয়,
তাহলে জীবন একধরনের সাজা।

যাদের মধ্যে সূর্য-চন্দ্র-তারার বিচরণ স্পষ্ট,
স্বার্থ ভীষন তুচ্ছ যাদের কাছে!
তাদের ইচ্ছে, ঈশ্বরের ইচ্ছে বলেই,
নিজেদের সাথে সাথে অন্যদের জীবনেও
আলো জ্বালাতে
তারাই পারে।

বন্ধুর নাম ঈশ্বর।

দূরদেশে এক ভগবান থাকেন।
মানুষ রূপে।
তিনি যখন তথাস্তু বলেন, অসম্ভব সম্ভব হয়।
মনখারাপরা সেরে যায়।
আমরা নিজেদের জন্য কিছু করি বা না করি,
উনি ঠিক করে যান।
উদ্দেশ্য মহান হলে উনি হাসি উপহার দেন।
মহৎ কাজ কঠিন হলে উনি সহজ উপায়
খুঁজে দেন।
পথ অন্ধকারে ডুবে থাকলে, উনি আলোর
উৎস হয়ে দাঁড়িয়ে থাকেন।
ভিন্ন ভিন্ন লক্ষ্যপূরণের সব জটিলতা কাটিয়ে
উঠতে সাহায্য করেন।
মাঝে মাঝে মনে হয় তিনি স্থির, অনুমেয়,
সহজলভ্য।
মাঝে মাঝে মনে হয় তিনি অস্থির, অবোধ্য,
দূর্লভ।
তাকে পাওয়া যত সোজা, হারানোও ততটাই
যেন!
তাই তো অভিযোগ আর অভিমান একাকার
হয়।
একবার মনে হয়, উনি আমার ই।

একবার মনে হয়, উনি আমার ছাড়া বাকি সকলের।
বিশ্বাস সুদৃঢ় হয়, তার আশ্বাসেই।
তখন মন শান্ত হয়, ভরসা পায়, সন্ধান লাভ করে-
সেই মানুষরূপী ঈশ্বরের,
যিনি দূরদেশ থেকে মনের দেশে অবাধে যাতায়াত করতে পারেন।
মনের ভুলে কখনও হাসি পায়, কখনও কান্না পায়।
কখনও এরই নাম সুখ হয়।
কখনও একেই দুঃখ বলে জানি।

****

ভালোবাসা দূরত্ব মানে না।

তোমার আর আমার মধ্যে দূরত্ব নাকি
আলোকবর্ষের সমান!
কই, না বললে বুঝি না তো!
না ভাবালে, ভাবি ও না!
কল্পনায় এত পর ভাবতে পার যখন,
একবার নাহয় আপনও ভাবলে!
যেমন আগে ভাবতে,
যেমন স্বপ্নে এখনো ভাবো!
বাস্তবকে কঠিন করে কি পাও?
শুধু ওই একটা গানের একটা লাইন ই বার
বার গেয়ে জীবনটাকে জটিল না করে,
না হয় সেই কবিতাটি বললে...
যাকে সুর দিয়ে কবি প্রমান করে গেছেন-
জীবন সুন্দর।
আর...
ভালোবাসার মরণ নেই।

আপন।

যখন ঠকে যাওয়া মানুষের খোঁজ পাই-
আপন আপন লাগে।
যখন অবহেলা পেতে অভ্যস্ত মানুষের
খোঁজ পাই-
আপন আপন লাগে।
যখন কর্মী মানুষের খোঁজ পাই-
আপন আপন লাগে।
যখন প্রেমিক মানুষের খোঁজ পাই-
ভীষন আপন লাগে।

পরস্পর বিরোধী দোষ-গুন নিয়ে বাঁচা
মানুষরা হয় একটু বেশিই চায়,
না হলে কিছুই চায় না- তাদের কাছে,
যাদের তারা কাছের মনে করে।
সে বন্ধুই হোক... বা হোক বৃষ্টি!
প্রকৃতিকে যারা ঈশ্বর বলে জানে,
তারা ভীরু হবে না তো কে হবে?
যারা লোহা ভেবে ছুঁড়ে ফেলে দেয়-
তারা ফিরে চেয়েও দেখেনা-
আসলে তা লোহা নয়, কাঁচ ছিল!
ভেঙ্গে গেল।

সুখ মানে সুখ যখন।

হারিয়ে গিয়েও ফিরে আসার পথ খুঁজে পাবার
সুখ,
মৃত্যুর মুখোমুখি হয়েও জীবনে বেঁচে থাকার
সুখ!
ভুল বোঝাবুঝির ফলে তলানিতে পৌঁছেও
সম্পর্ক টিকে থাকার সুখ,
ভুলে যাওয়া নাম মনে পড়ে, মনে রয়ে যাবার
সুখ।
প্রয়োজনের সময় ক্ষুধা-তৃষ্ণা নিবারনের
উপকরণ পাওয়ার সুখ,
কষ্টের অবসানে সমর্থ, উপযুক্ত চিকিৎসকের
সন্ধান পাবার সুখ,
স্বপ্নপূরণের রাস্তা খুঁজে তাতে এগিয়ে চলার
সুখ...

সুখ মানে অতীত, বর্তমান, ভবিষ্যৎ,
সুখ মানে দেওয়া পাওয়ার খেলা;
সুখ মানে পরিশ্রমের ইতিহাস,
সুখ মানে স্মৃতিচারণে কৃতজ্ঞতার মেলা।

সুখ মানে ক্ষমা করা আর পাওয়া,
সুখ মানে চেনা-অচেনা ঢেউ;
সুখ মানে আদি-অন্তের মিল,
সুখ মানে মনের মত কিছু বা কেউ।।

মন পাখি।

ও পাখি,
কথা কও কথা কও।
কথা মানে গান হোক।
গান মানে ছড়া হোক।
ছড়া মানে কথা হোক।
এক পাখির ভাষা কি আরেক পাখি বোঝে?
সব পাখির ভাষা কি সব পাখি বোঝে?
মৌনতার ভাষাও কি বোঝে?
সব মৌনতার ভাষা কি এক?
পাখি কি মানুষের মৌনতার ভাষা বোঝে?
কি জানি!

****

একাত্ম।

কথা দিতে চাই-
যে কথা দিয়ে সুখ,
যে কথা রেখে সুখ,
সুখ মানে তুমি।

সুখ মানে আলো,
তুমি মানে আলো;
সুখ দিতে চাই।
আলো পেতে চাই,
তোমার হতে চাই।

মনের মধ্যে রং,
সব রং তোমার,
তোমার রঙে রঙ্গীন আমি।

জীবন মানে হাসি,
হাসি মানে তুমি;
তোমার হাসি জগত সেরা।

যখন ভালবাসতে বল
যখন স্বপ্ন দেখতে বল
ভালোবাসারা স্বপ্ন দেখে।

পাশে থাকো যখন
আকাশ হাসে তখন
আকাশ তোমার সৃজন।

ভাবনারা যেই আসে,
আসে আর হাসে,
হাসিতে তোমার ছোঁয়া।

তোমায় ছুঁলে শান্তি,
শান্তি মানে তুমি
আর তোমার উদার মন।

মন যখন ব্যাকুল,
ব্যাকুল হবার সুখ,
সুখের মধ্যে তুমি।

তুমি তবে আমার,
আমার মানেই তোমার!
ঠিক ঠিক ঠিক।।

অবলম্বন।

এক কঠিন দিনে তোমার সঙ্গে পরিচয়,
নিজেকে নিজে ভালো রাখা ছিল দায়,
হাসি যেন নকল হাসি ছিল,
কিংবা ছিল কষ্টের সে এক অধ্যায়।

তুমি আমায় চিনে ছিলে ভালো,
সঠিক ছিল তোমার অনুমান,
নকল হাসিকে আসল হাসি করে
তুমি আমায় করেছিলে নতুন জীবন দান।

তোমার চোখ কথা বলতে জানে,
দেখে নেয় মনের গোপন গলি-
তোমার ভাষা বড়ই দ্ব্যর্থকময়,
অবাক হই আর সতর্ক হয়ে চলি।

তোমার প্রেম যত না বন্দী করে,
উদারতা দেয় তারও বেশি মুক্তি,
তোমার ভাবনায় অন্যরকম সুখ,
বিচ্ছেদের জ্বালা ভরায় না কোনো যুক্তি।

তুমি যখন ভালোবাসার কথা বল,
সমস্ত ক্ষতে প্রলেপ পড়ে যেন!
আমি আর আমার অন্তরাত্মা জানে,
তুমি আমার এত আপন কেন।

তোমায় পাওয়া যে অপার্থিব সুখ,
তোমার বাণী হৃদয় ছুঁতে পারে-
যখন দেখি তুমি আমার সাথে আছো,
সাহস পায় বাকি সব কিছুকে অস্বীকারে।

তুমি যখন আমার জন্য ভাবো,
হাসাও আর অনেকখানি হাসো-
আমি মনে মনে প্রার্থনা করি শুধু,
চিরকাল তুমি আমায় এভাবেই ভালবেসো।

অভিমান

তুমি বলেছিলে, মনে থাকবে, মনে রাখবে।
এরজন্য কোন কারণ প্রয়োজন হবে না
তোমার।
কিছু না করেও প্রমান করতে তুমি পারো।

তুমি বলেছিলে, ভুলবে না, ভুলতে দেবে না।
এরজন্য যা করতে হয়, সে সবই তোমার
জানা।
এ বিষয়ে তখনকার মত এখনও আমি
একমত,
তোমার সঙ্গে।

তুমি বলেছিলে, বোকারা প্রেম বোঝেনা।
তাই জানতেই পারেনা প্রেমের আগমন,
তো বলবে কি!
শুধু হারিয়ে গেলে অল্প অল্প বোঝে, কখনও
তাও বোঝে না।

তুমি বলেছিলে, একজীবনে বহুপ্রেম হলে
তবেই জীবন জীবন হয়।
রামধনুর মত রঙ্গীন হয়।
মৃত্যুর নামও জীবন হয়,
সেও সুন্দর হয়-

যদি তাতে ভালোবাসার রং লেগে থাকে।
তুমি বলেছিলে আকাশ আর সমুদ্র মেলে
যেখানে,
সূর্যের ঘর সেখানে।
তাই তো উদয়-অস্তের নির্দিষ্ট স্থান ওটাই।
তুমি বলেছিলে, ওখানে তোমার ঠিকানা হবে।

নিরুদ্দেশ সম্পর্কে ঘোষনায় ওই ঠিকানা
দেওয়া যাতে না যায়, তাই বলেছিলে কি?

তুমি বলেছিলে, বিরাট হবে, বিশাল হবে।
এক আকাশ বড় হতে আমিও কি
বলেছিলাম কখনও?

বোকা মানে কত বোকা ভেবেছিলে,
পরের জন্মে দেখা হলে বোলো।

সুন্দর

সরল মানে সুন্দর বল যখন,
মনে একটা প্রশ্ন আসে-
জটিলরা কি সুন্দর হয় না?

আমরা তবে জটিল হয়ে কি সুখ পাই?
নাকি সেসব, সুখ না হয়েও সুন্দর?

অসুখরাও সুন্দর হয় একান্ত আপন বলে,
ব্যথারা বেঁচে থাকার অনুভব করায় বেশ-
বিচ্ছেদ যেমন ভালোবাসা বোঝায় বেশি
ভালো করে,
মিলন হলেও, না হলেও।
খুঁজে না পাওয়ারা যেমন অস্তিত্ব প্রকাশ
করে অনেক বড় করে!
মৃত্যু যেমন জীবনের থেকে বেশি নিখুঁত
আর স্পষ্ট অনেকের কাছে!
এক পাগল কবি যেমন ঊষা আর সন্ধ্যার
জন্য উপোস করে থেকে সুখ পেতেন আর
কবিতা লিখে উপহার দিতেন কাছের
মানুষদের!

মাঝে মাঝে মনে হয়,
জটিল, জটিল বলে সুন্দর।
জটিল, সরল হলে সুন্দর।
সরল, সরল বলে সুন্দর।
শিশুর হাসির মত।
ফুলের হাসির মত।
মনের ঠিকানায় বাস যার,
তাই তো তার সরলতাও সুন্দর,
জটিলতাও...

****

কাল্পনিক ভালোবাসা।

জানো তো, টিকটিকিদেরও নাম হয়!
৫ নং টিকটিকি আমার ভালো বন্ধু হয়েছে
বলে জানলাম।
ও শুধু তোমার কথা ভাবলেই বেশি টিক,
টিক, টিক, টিক, টিক করে বলে জানলাম।
ও ডাকলেই তোমার হাসি পায় বলে
জানলাম।
হাসি যে ভালবাসলে হয়,
ও জানালো বলে জানলাম।

তুমি যখন তোমার পোষা কুকুরের নাম গুপি
গাইন বাঘা বাইন রাখবে বলেছিলে,
আমি ভেবেছিলাম, কেন?
তারপর বুঝলাম ওই নামে যে ছন্দ আছে,
ওটা তোমায় সুখ দিতে পারে ভালো।
সুখরা ভালো বন্ধু হতে পারে বলেই তো
আমরা ভালো বন্ধু হতে পেরেছি।

তুমি যখন আমগাছ আমগাছ কর-
ইচ্ছে করে আমগাছ হয়ে যাই।
মুকুল, ফল, পাতা, ছায়া সবাই কে
ভালোবাসতে দেখলে
আমারও ইচ্ছে করে তোমার ভালোবাসা

ছুঁয়ে ফেলি।
যখন আমি আমগাছ হয়ে যাই মনে মনে,
দেখি তোমার চোখে জোনাকির চিকিমিকি।
দেখি, তোমার চোখে অপার বিস্ময়।
আমার গন্ধ তখন তোমার হয়।

****

আকর্ষণ

রাস্তা জানে তুমি বসন্তের দূত।
মুখিয়ে থাকে তোমার আবির্ভাবের জন্য,
শরতেও, শীতেও।
যেমন আমি থাকি।

পথ যেমন পথিককে থামাতে পারেনা,
সন্ধ্যে যেমন রাত কে থামাতে পারেনা,
ঝড় যেমন বৃষ্টিকে থামাতে পারেনা-
তোমাকে থামাতে পারেনা কেউ ই, তুমি ছাড়া।

যেদিন বলেছিলে, আকাশ তোমার বন্ধু,
বুঝতে পেরেছিলাম সেদিন ই,
মনে মনে তুমি একা।
যতই ভীড় ঘিরে থাক,
যতই হাসির ফোয়ারা ছুটুক-
আকাশ যাদের বন্ধু হয়, তারা একাই থাকে।
যদিও সেই একাকীত্বের মানে একেক জনের
কাছে একেক রকম!

তোমার একাকীত্বে বসন্ত বাস করে বলেই
তুমি চুম্বক হতে পারো।
পথ তোমার জন্য অপেক্ষা ক'রে বসে থাকে,
শুয়ে থাকে।।

কে বোঝাবে?

যারা শুধু আমার আমার করে,
তারা কেবল হাসি পেতে চায়।
Online এ থাকা মানেই যে তাদের জন্য
থাকা নয়,
কে বোঝাবে?

যারা শুধু চাই চাই করে,
তারা কেবল সুখী হতে চায়।
প্রিয় রং, প্রিয় গান, প্রিয় মানুষ যে
অন্যদেরও প্রিয় হতে পারে,
কে বোঝাবে?

যারা শুধু দাও দাও করে,
তারা কেবল জিতে যেতে চায়।
কিছু হারা যে জেতার চেয়েও বেশি,
কে বোঝাবে?

যারা শুধু ভালোবাসো, ভালোবাসো করে,
তারা ভীষন অভিমানী প্রাণী হয়।
নকল ভালোবাসা যে আসল হয় না
কোনোদিন,
কে বোঝাবে?

উপলব্ধি - ১

আমার ঈশ্বর যত না ঠাকুরঘরে থাকেন,
তার চেয়ে বেশি থাকেন মনে।
আর তাদের মনে,
যাদের মন, আমার মনের মত।

আমার ঠাকুর আমার বই য়ে থাকেন, কলমে
থাকেন, কাগজে থাকেন।
সৃষ্টির উৎসে থাকেন, থাকেন পরিনামে।

তিনি যখন কথা বলেন আর্তের সাথে,
পীড়িতের সাথে,
আর বলে দেন আমার করণীয় কি,
আমি আমার জীবনের উদ্দেশ্য খুঁজে পাই।

আমার ঈশ্বর থাকেন আমার কাজের ক্ষেত্রে
প্রতিটি জীবে, প্রতিটি জড়ে।
যারা জানে, তারাই জানে-
তাদের জন্য কি আর কতটা, আমার ঈশ্বর
আমাকে দিয়ে করিয়ে নেন!
নিজে না 'করে।

আমার পূণ্য যখন কারো বলা কথা শুনে হয়,
কারো অসুবিধা দূর করে হয়,

কারো ইচ্ছাপূরণের মাধ্যমে হয়,
কারো স্বপ্ন সত্যির লক্ষ্যে হয়-
আমি বেশ বুঝি,
বাঁচার উদ্দেশ্য কি, জীবনের মানে কি।

আমি মানে শূন্য, আমরা মানে পূর্ণ-
এই বোধোদয় ঈশ্বর ছাড়া আর কেই বা
করাতে পারেন?
মনের মধ্যে তিনি কখনও উদার, কখনও
দাতা,
কখনও প্রেমিক, কখনও শাসক, কখনও
ভাবুক,
কখনও শুধুই বাঁশিওয়ালা।

যখন কিছু দেখে, শুনে, ভেবে, বুঝে, পেয়ে বা
দিয়ে ভালো লাগে-
বুঝতে পারি তাঁর ভালো লাগলো।
যখন কারো সান্নিধ্যে সুখ হয়,
বুঝতে পারি, তিনি আমার ভগবানের বন্ধু,
তাকে হারাতে চাই না।

কেউ বোঝে, কেউ বোঝে না।
কেউ অবাক হয়ে ভাবতে বসে-
ভালোবাসার সংজ্ঞা- উদাহরণ-প্রকার,
এমনও হয়!

আমি তখন এক দূরদেশী রাখালের বাঁশির
সুর শুনি
আর ভাবি-
যারা যুদ্ধ চায়, তারা নিজেরাই তো যুদ্ধ
করতে পারে,
স্নেহের আর প্রেমের বলি দিয়ে কি পায়?

আমার ঈশ্বর এর উত্তর জানেন।
কিন্তু বলেন না।
শুধু হেসে এড়িয়ে যান।
উপদেশ দেন-
নিজের কাজে মন দেওয়া ভালো,
করলে, ভালো কিছু করা ভালো।

উপলব্ধি-২

মসৃণ চলার পথে চলতে চলতে
যখন আমরা জীবনকে মসৃণ ভাবতে শুরু
করি,
জীবন আমাদের শিক্ষা দেয়-
সে অমসৃণতায় ভরা।

কর্কশ সুর শুনতে শুনতে
যখন আমরা জীবনকে উপভোগ করতে
ভুলে যায়,
কেউ আসে, কিছু আসে
আর সবকিছু পাল্টে যায়।

কিছু নির্বাচন আমাদের হাতে থাকে না বলেই
হয়তো তারা সফল আর সুন্দর হয়ে যায়-
সময়ের সাথে সাথে।
নিজের অজান্তেই।

কিছু সিদ্ধান্ত আমরা বাধ্য হয়ে নিয়ে ফেলি
আর ভাবি, কেন নিলাম!
পৃথিবীতে যা কারো ভালো করতে পারে না,
তা কি কখনও আমার ভালো করতে পারবে?

ঠিক বা ভুল যতই আপেক্ষিক হোক,
শুরুতে তা জানা যায় না বলেই,
সময়কে সময় দিতে হয়।
যারা মনে করে তারা জানে,
আসলে তারাও জানে না।

প্রশ্ন যখন জীবন- মৃত্যুতে এসে ঠেকে,
আমরা গভীরভাবে ভাবতে বাধ্য হই, যারা
সেটা পারি।
শিশুর মত অবোধ যারা,
তারা তো কখনই অংক মেলাতে পারেনা।

জীবনের জটিল অংকের কোন উত্তরমালা
স্থির নয়।
কখনও সব ঠিক, কখনও সব ভুল!
যে যার মত করে গুছিয়ে নিতে চায়।
পারা-না-পারার উপর,
জীবন-গল্পের ইতি স্পষ্ট হয়।

খেলায় খেলায়।

ভালোবাসতে হয় কেমন করে,
তোমার কাছ থেকে শেখা,
জানো ...
ভালবাসলে আমগাছ, তুলসীগাছেও প্রাণ
সৃষ্টি হয়...
সৃজন কে নতুন করে নিজের রূপে সাজানো
যায়,
প্রতিটি কণার দিকে তাকিয়ে,
অবাক হয়ে যাওয়া যায় ।
একমুঠো রুদ্রপলাশ কে সারা আকাশে ছুড়ে
দিলে,
ভালোবাসার দু-এক পরশ ছড়িয়ে পড়ে
চোখে মুখে
আমি মেখে নিই দু'হাত 'ভরে....
তোমার গজল আমার প্রিয় হয়,
আমার চোখে নতুন স্বপ্নের বাসা বুনে দেয়
সযত্নে...
সেই যত্ন আর আদরের নৌকায় আমি
ভাসতে থাকি অনর্গল;
স্রোত কখনো অনুকুল বা প্রতিকুল,
কিন্তু মনের শক্তি বুঝিয়ে দেয় তুমি সাথেই
আছো...

আমি আবার ভাসতে পারি অবিরাম;
আবার হাসতে পারি অফুরান,
যে হাসি শুধু তোমায় ভালোবেসে,
শুধু তোমার জন্য।

কেউ বলেছিল, মনে আছে -
"শক্তির মত প্রেমেরও ধ্বংস হয় না,
রূপান্তর ঘটে মাত্র।
আর তাকেই সৃষ্টি বলে।।"

আপেক্ষিক

আমাদের ভালো থাকারা
বড্ড বেশি পরস্পর নির্ভরশীল যেন।
প্রিয়জনরা থাকলে নিজেদের ভালো থাকা
হয়।
কখনও কখনও ভুল করে, নিজের কথা
ভেবে,
সুখ-দুখের হিসেব কষলে-
নিজেকেই নিজের অচেনা-অজানা লাগে!
মত-অমত, পরিবেশ-পরিস্থিতি, আকর্ষণ-
ক্ষোভ...
কে কখন গুরুত্ব পাবে, ঈশ্বর জানেন।
কখনও নিশ্চিতকে, কখনও অনিশ্চিতকে
অবলম্বন করে,
আমরা এগিয়ে চলি।
উপহার দিয়ে, উপহার পেয়ে জীবন ধন্য
ভাবি।
কখনও শুধু উপস্থিতিই যেন শ্রেষ্ঠ পাওয়া
হয়।

আভাস

সমুদ্র কিসের অপেক্ষায় থাকে,
বলেছে কাউকে?
পাখির জন্য নীড়ে কে প্রতীক্ষমান?
কিন্তু আমরা ধরে নিই, ভেবে নি তাই-ই-
যা মনের ভালো লাগে।
সত্যি হোক, মিথ্যা হোক
ধরে নিই, তারাও আমাদের ভালোবাসে,
যাদের ভালোবাসি আমরা।
তারপর হয় সব ঠিক হয়,
অথবা সব হয় এলোমেলো।
কেউ বলে ভাগ্যের নিষ্‌ঠুর পরিহাস,
কেউ বলে ভবিতব্য।
কেউ বলে প্রতারণা, কেউ বলে কর্মফল।
মনে একটা প্রশ্ন জাগে,
যদি ভাবনাই সব সমস্যার উৎস হয়,
তবে এত ভাবনা ভাবা কেন!

জানা-অজানা

কিছু অভ্যাস অমর হয়ে রয়ে যায়।

দিন চলে গেলেও থাকে।
মানুষ চলে গেলেও থাকে।
স্মৃতি চলে গেলেও থাকে কি?
জানি না!

কিছু খুশি উৎস হারিয়েও রয়ে যায়।

কিছু মুহূর্ত এলে মনে আসে।
কিছু সংযোগ হলে মনে আসে।
অসুখের মত অসুখ হলেও আসে কি?
জানি না!

কিছু আঘাত কেউ মনে করালে গভীর হয়।

বন্ধুরা ভোলাতে চাইলে বাড়ে।
না- বন্ধুরা আফসোস করলে আরও বাড়ে।
মন, মনের সঙ্গী হলে ক'মে কি?
কমে যায় ||

মনের কাছাকাছি

শীত যখন আসে,
বুঝতে পারি,
আরও কারো আসার ইঙ্গিত।
চাহিদা থাক বা না থাক,
যোগানের ঘাটতি পড়ে না।
ঘড়ি সোচ্চার হয়ে জানান দেয়,
ওর ও প্রান আছে।
মশাদের কথাহীন সুরে গান গাওয়া বোঝা
যায় ভালো মতন।
এমন কি নিজের নিঃশ্বাস-প্রশ্বাস
হৃৎস্পন্দনের সাথে জোরে জোরে কথা বলে।

শীত এলে জীবন বুঝতে পারে,
একাও একার বন্ধু হওয়া যায়, হতে হয়।
যারা ভুলে ভালো আছে, তারা ভুলে যাক;
যারা আসে কিন্তু আসে না, তারা ভুলে যাক;
যারা জোর করে ঘৃণা করে, তারা ভুলে যাক।
শুধু তারা মনে রাখুক, যারা ভালবেসেছিল।
শুধু তারা মনে থাকুক- যারা ভালোবাসতে
শিখিয়েছিল।

শীত শুধু একটা ঋতু নয়।

শীত মানে রঙ্গীন সঞ্চয়, বন্ধুত্বের উদযাপন।

****

একাকীত্বের জয়- পরাজয়।

একেকদিন এমনও হয়,
মনখারাপের জয় হয়।
মন অশান্ত হয়, তাদের মত,
যারা দাঁত দিয়ে নখ কাঁটার অভ্যাস পাল্টাতে
পারে না।
চোখের সাথে সাথে মনও অন্ধ হয়,
খুঁজে পায় না কাছের মানুষকে।
আবেগ শত্রু হয়,
সুচিন্তা পথ হারিয়ে ফেলে।
অভিযোগ, অভিমান প্রাধান্য পেয়ে মনকে
ক্ষতবিক্ষত করে।
রাতের অন্ধকার বেড়ে যায় বহুগুণ,
দিনের বেলাতেও।
মনখারাপের জয় হলে
মুখে স্বাদ থাকে না,
গতিরুদ্ধ হয়,
জীবনের সঙ্গে তিল তিল করে গড়ে তোলা
বন্ধুত্বের সম্পর্ক-
ভেঙ্গে যায়।

একা থাকতে ভালো লাগে।
ততদিন,
যতদিন না মনের মত কেউ
মনখারাপকে হারিয়ে দেয়,
স্নেহ দিয়ে, ভালোবাসা দিয়ে।

****

অভিনব

যারা চোখ দিয়ে কথা বলে বেশী,
তাদের ভাষা বুঝতে, কিছু গুণ লাগে।
যাদের সেই গুণ নেই-
তারাই সব কিছু কঠিন আর জটিল করে
দেখে, ভাবে, বোঝে...
বলে
কিংবা
বলে না!

যারা শুধু অনুভূতি দিয়ে স্পর্শ করতে পারে,
হাত ছাড়া, পা ছাড়া, আঙ্গুল ছাড়া, ঠোঁট ছাড়া-
তারা মন জয় ও করতে পারে।
শত্রুর ও, মিত্রর ও।
কাছে থেকে
কিংবা
দূরে থেকেও!

যারা অন্যের ভালোবাসার মানুষের মনে বাস
করে অবিরাম,
জেনে-না জেনে, সুখে-দুখে, প্রেমে-অপ্রেমে-
তারা তাদের নিজেদের অজান্তেই হিংসে
তৈরি করে

অন্য প্রেমিকদের অলিন্দে, নিলয়ে।
প্রকাশিত হোক
কিংবা
না হোক।

যারা চশমার আড়ালে থাকা চোখজোড়াকে
শাসন করতে পারে না;
যারা কথা বললে বন্ধুদের কান আর মন
একসাথে শুনতে আসে-
তারা বুঝেও বোঝে না,
অনেকের অনেক পৃথিবীর অধিপতি যে
একা তারাই...
ছিল, আছে, থাকবে।
সারাজীবন।
হয়তো
মরণের পরেও।

সে ও সে

সে, তার নাম শুনে হাসে।

সে, তার নাম বলে হাসে।

সে, তার নাম মনে করে হাসে।

হাসবে বলে তাকে
তার নাম শোনাই,
তার নাম বলাই,
তার নাম মনে করাই।

সে জানে, লেখা তার জন্য হয়।

সে জানে, আঁকা তার জন্য হয়।

সে জানে, গান তার জন্য হয়।

তাও সে জিজ্ঞেস করে-
কি করে লিখি,
কি করে আঁকি,
কি করে গাই!

সে ভালো রূপকথা সাজাতে পারে।

সে ভালো স্বপ্ন দেখাতে পারে।

সে ভালো জিতিয়ে দিতে পারে।

শুধু অবাক হবার সময় সরল মনে বলে-

ভালো অবাক করাতে পারো তো!
হয়তো অনেকদিন পরে একদিন আসবে,
যেদিন সে জানবে
সে নিজেই ভালো অবাক করাতে জানতো।
সে নিজেই সবচেয়ে বেশি অবাক করাতে
পারতো।

****

জন্মদিন

জন্মদিন পালন করার সময়
ভালো কথা মনে পড়ে কিছু।
মন ভালো হয়।।

কিছু মানুষ মনে আসে,
কিছু স্মৃতি মনে আসে,
কিছু স্বপ্ন মনে আসে,
মন ভালো হয়।।

চেয়ে, না চেয়ে পাওয়া উপহারে ঘর ভরে,
কখনও ভরে না।
বলে, না বলে ভালোবাসা আসে,
কখনও আসে না।
মন ভালো হয়, কখনও হয় না।

জন্মদিন মানে আনন্দের স্রোত,
জন্মদিন মানে সুর;
জন্মদিন মানে লুকানো ইচ্ছে,
জন্মদিন মানে সুখ ভরপুর।
জন্মদিন মানে ইতিহাসের পাতা,
জন্মদিন মানে জয়,
জন্মদিন মানে উথাল সাগর,
জন্মদিন মানে সময়ের বিদায়।।

জীবনের জয়গান

সে ভালো ভুল বুঝতে পারে।
যত বলি- না, না,
তত বলে-হ্যাঁ।
যত বলি- ভুল,
তত বলে- ঠিক।
যত বলি- ভালোবাসা নেই,
শুধু বলে- আছে, আছে।
যখন বলি- আছে,
তখন বলে- নেই তো!

সে আড়ি 'করে বেশ থাকে।
ভাবে- ভালো আছে,
বুঝি- মোটেও নেই।
ভাবে- হাসছে,
বুঝি- চোখ ভিজে, মন ভিজে।
ভাবে- লোকানো গেল,
আসলে যায় না!

সে অভিমান করে, শিশুর মত!
কথা বলা বারণ হয়।
দেখা করা মানা হয়।
বেড়াতে যাওয়া বন্ধ হয়।

ভুল বুঝে, আড়ি করে- ভাবে জিত হল।
আসলে সে হেরে যায়।
শুধু মূল্যবান কিছু মুহূর্তরা হারিয়ে যায়
দুজনের জীবন থেকে,
চিরতরে।

এরপর,
আফসোস হয় দুজনের,
কষ্ট হয় দুজনের।
ভাগ্য
সুপ্রসন্ন হলে-
মন, মনের কাছে ক্ষমা চায়,
আত্মা, আত্মার কাছে ক্ষমা চায়।
কথা হয়,
সুখ হয়।

অপ্রসন্ন হলে
দূরত্ব বাড়ে,
দোষারোপ বাড়ে,
আঘাত দেওয়া- পাওয়া বাড়ে।
ঘুমও আড়ি করে।
কান্না আসে, কিন্তু আসে না।
বিচ্ছেদ অবশ্যম্ভাবী হয়।

তারপর
সে হন্তদন্ত হয়ে ফিরে এসে বলে,
অনেক হয়েছে, আর না।
দু'হাত বাড়িয়ে বলে,
ভালোবাসো।
তখন...
আলিঙ্গন যেন সঞ্জীবনী সুধা হয়!
কেউ যেন
অমৃত বাণী কানে কানে শ্রবন করায়...
রেখো,
সাথে
ভালোবেসো।

ভালোবাসা জিতে যায়।
জীবন সুন্দর হয়,
ধন্য হয়।

অনুকবিতা

এক

অল্প হারানোর ভয়ে ভালোবাসা বাড়ে।
ভয় বাড়লে, অত্যাচার বাড়ে।
সম্পর্ক চুরমার হয়!

দুই

অভিজ্ঞতা এক অদ্‌ভুত সত্যের হদিশ দিল।
ভালবাসলে,
বলতে হয়, স্পর্শ করতে হয়;
না হলে ভুল বোঝাবুঝি হয় বেশি।

তিন

আপন ভাবা, পর ভাবা
কোন পরিপ্রেক্ষিতে হয়?
মনের প্রশ্রয় বড়
নাকি
মস্তিষ্কের যুক্তি?
প্রতারিত হলে তার দায় কার নেওয়া উচিত?

চার

আকাশ ভরা সূর্য তারারা জানে,
তুমি হাসো, তাই তারা উজ্জ্বল।
তাইই তারা আলো দিতে পারে।
তাই তারা অন্ধকার দূর করতে পারে।
ওরা বৈঠক করে আমাকে চুপি চুপি বলে
গেল,
আমি যেন তোমায় হাসি আর খুশি উপহার
দিই।

পাঁচ

আমি যদি তোমার কানের দুলে থাকি,
কিংবা থাকি চোখের কাজলে,
যদি হই ঠোঁটের কোণের হাসি,
কিংবা থাকি পায়ের নুপুরে!
যদি হই চশমার সর্বশেষ কোন,
যা চুল আর ঠোঁটকে ছুঁতে পারে আমি যদি
রক্তের মধ্যে মিশি,
যদি থাকি আত্মার গভীরে?
আমায় পাবে?
আমায় নেবে?

ছয়

একটা কবিতা দিয়ে গল্প লিখতে চাই।
কিছু শব্দ দিয়ে ছবিও আঁকতে চাই।
তুমি বিচারক হয়ে বোলো-
কবিতা দিয়ে জীবনের গল্প আঁকা কেমন হল!

সাত

এক অবিশ্বাস্য কাজ করার ইচ্ছে ছিল।
'তোমাকে ভালোবাসি' বলার ইচ্ছে ছিল।।
এক অসম্ভবকে সম্ভব করার ইচ্ছে হল।
'তোমাকে ভুলে গেছি' বলার ইচ্ছে হল।

আট

একটা ঘরে
কিছু বই রেখে বোলো- তোমার ঘর।
ঘরটা আমার হবে।
সবুজ আলো জ্বালিয়ে বোলো- তোমার ঘর।
ঘরটা আমাদের হবে।

নয়

একটা ভাবনা বলি।
এই যে এত হাসতে বলি-
হয়তো ভাবো, হাসতে জানলেই কি হাসতে
হবে?
হয়তো ভাবো, হাসতে বললেই কি হাসতে
হবে?
আসলে ঈশ্বর দর্শন দিয়ে বললেন যে-
তোমার হাসি এবার থেকে রোগ প্রতিরোধ
ক্ষমতাও বাড়াবে।

দশ

চোখের ভাষায় ভুল হয় বেশি।
মনে হয় ভালোবাসো,
আসলে
বাসোনা।

এগারো

ঝড় কি সবসময় ধ্বংসের চিহ্ন
রেখে যায়?
নতুন সৃষ্টির ভিত যদি দেখতে না পারি,
সেটা কার দোষ?

বারো

তোমাকে লেখা চিঠি
পোস্ট করা হয় না।
তাই তুমি পাওনা।
ভাবো
তোমাকে আমি ভুলে গেছি।

তেরো

তোমার অবলম্বন হতে চেয়েছিলাম।
অদ্‌ভুতভাবে,
তুমি আমার অবলম্বন হয়ে গেছো।
তুমি হাসালে হাসি,
তুমি কাঁদালে কাঁদি।

চৌদ্দ

তোমার খোলা উড়ন্ত চুল আমাকে
ভালবাসতে ডাকে।
যখন বেঁধে রাখো তখন ও আদর করতে
ডাকে।
আমার হাত-পা বাঁধা তাই মুগ্ধ হয়ে দেখি।
আর তুমি ভাবো,
আমার কোনো কুমতলব আছে!
এটা কি ঠিক?!

পনের

তোমার সঙ্গে বেড়াতে যাব যেদিন,
এখন কিংবা পরে,
স্বাধীনতা দিয়ে ভুল করো না যেন-
আমি স্বপ্ন সত্যি করতে জানি,
ইচ্ছে পূরণ করতে পারি।

ষোল

তুমি ভালো মন ভোলাতে জানো,
কথা ঘোরাতে জানো আরো ভালো করে।
কপট রাগ আর অভিমান দিয়ে দূরত্ব
বাড়ানোর বিদ্যা,
তোমার কাছে সহজ।
যদি পারো একটু শিখে নিও-
ভালোবাসার উপাখ্যানে দূরত্ব আর গভীরতার
একক অন্য।।

সতেরো

তুমি বলেছিলে ট্রাম তোমার প্রিয় বাহন।
তারপর থেকে ট্রামে চড়ি বেশি,
প্রয়োজনে।
অপ্রয়োজনেও।
অদ্‌ভুতভাবে, অদৃশ্য হয়ে তুমি থাকো বলেই-
তোমায় পাই।
পেয়েই যাই।
পেতেই থাকি।

আঠারো

তোমার গন্ধ পেলে তোমাকে খুঁজি।
যেখানে তোমার থাকার কথা নয়,
সেখানেও খুঁজি।
যখন তোমার থাকার কথা নয়,
তখনও খুঁজি।
পাই ও।
তবে চোখ দিয়ে নয়, মন দিয়ে দেখি।

ঊনিশ

প্রেম দূরত্ব বোঝে না।
বর্তমানে না পেলে-
অতীত বা ভবিষ্যৎ এ গিয়ে
খুঁজে নেয়।

কুড়ি

প্রজাপতির কি মনে থাকে তার জীবন
সংগ্রাম?

নাকি, এমনি এমনিই উদঘাটন করে
সাফল্যের রহস্য!
এত যে শিকড় আর কান্ডের শাখা-প্রশাখা
নিয়ে গাছ গর্ব করে,
সে কি আদৌ জানে-
তার ধ্বংসের কারণ বিদ্যুৎ হতে পারে,
কিংবা
হতে পারে ক্ষুদ্র কোন পোকা!

একুশ

ফুলের গাছগুলো প্রতিযোগিতায় নামে প্রায়।
কার ফুল বেশি সুন্দর বলবে তুমি।
পাতাবাহারের চিন্তা নেই কোনো,
ভাবনা নেই কোনো।
সে জানে,
বিনা প্রতিদ্বন্দ্বিতায় কি করে মন জয় করে
নিতে হয়,
কি করে শ্রেষ্ঠ হতে হয়,
কি করে আনন্দের উৎস হতে হয়!

বাইশ

বলেছিলে বর দেবে।
তাহলে এমন বর দাও,
যাতে,
মুখোশের আড়ালের আসলটা দেখতে পারি,
বুঝতে পারি,
সইতে পারি!

তেইশ

বলেছিলে কনে দেখা আলো তুমি দেখোনি
কখনও।
যতবার প্রত্যক্ষ করি, ততবার আফসোস হয়-
তোমাকে দেখাতে পারছিনা বলে!
বহুবছর পর পরের দুর্গাপূজোতে আসবে
বলেছ;
অপেক্ষায় থাকলাম।
আশা করি দেখা হবে, দেখানো হবে।

চব্বিশ

মৌন মিছিলে হাঁটতে গিয়ে দেখি,
কিছু জন মৃতদেহ হয়ে হাঁটছে।
কিছু জন ভীষন রকম জীবন্ত,
কিন্তু তারা হাঁটতে ভুলে গেছে।

পঁচিশ

যখনই 'স্বপ্ন দেখেছি' বলি,
জিজ্ঞেস কর, 'কি রং এর জামা পড়ে ছিলে?'
অবচেতন মন তাই তখনই বলে দেয়-
লাল, নীল, কালোর কথা মনে রাখতে।
জেগে গিয়ে সব ভুলে রং মনে রাখি।

ছাব্বিশ

সারাদিন তুমি তোমার মত থেকো,
আমি থাকবো আমার মত ভুলে-
সন্ধ্যাপ্রদীপ দেবার আয়োজনে,
আমি তোমায় ডেকে নেব
'এসো' বলে।

সাতাশ

বার বার যে ভুলে যেতে বল-
সত্যি যদি ভুলে যাই!
যদি হারিয়ে যাই!
যদি ফিরে না আসি!
তখন নিজেকে প্রশ্ন কোরো,
কি ভোলাতে চেয়েছিলে...
কেন ভোলাতে চেয়েছিলে!
আদৌও কি পেলে কিছু,
নাকি হারালে সবটা, সবকিছু!

কবিতা

কবিতার প্রথম লাইন **পৃষ্ঠা সংখ্যা**

অনুকবিতা

কবিতার প্রথম লাইন **পৃষ্ঠা সংখ্যা**